Librairie spéciale des **LOIS NOUVELLES COMMENTÉES**, 103, boulevard Saint-Michel, Paris (Ve)

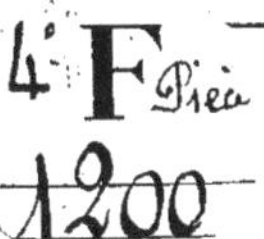

DE
L'ADMINISTRATION LÉGALE DU PÈRE

D'APRÈS

LA LOI DU 6 AVRIL 1910

(NOUVEL ARTICLE 389 DU CODE CIVIL)

PAR

Henry-C. MOREAU

DOCTEUR EN DROIT

DIRECTEUR DE L'ÉCOLE DE NOTARIAT DE PARIS

PRIX : 1 FR. 50

ADMINISTRATION

DU BULLETIN-COMMENTAIRE DES LOIS NOUVELLES ET DÉCRETS

103, boulevard Saint-Michel, 103, Paris (Ve)

BULLETIN-COMMENTAIRE

DES

LOIS NOUVELLES ET DÉCRETS

Recueil mensuel, fondé en 1894. — **7** fr. par an

ADMINISTRATION : 103, boulevard Saint-Michel, à PARIS

Jamais l'activité législative n'a été aussi grande qu'à notre époque; au fur et à mesure des rapides modifications de l'état social, des besoins nouveaux se font sentir. Le législateur s'efforce de leur donner satisfaction par des lois nouvelles qui souvent modifient profondément les principes généraux du droit admis jusqu'alors.

Le monde des affaires a besoin de connaître l'économie de ces dispositions législatives nouvelles dès promulgation. En effet, la jurisprudence antérieure n'a souvent plus d'objet par suite d'une loi nouvelle qui sera peut-être suivie d'un autre texte législatif, avant même que des arrêts de principe aient été rendus en la matière.

*Mais il est impossible au magistrat, à l'avocat, à l'avoué, aux officiers publics et ministériels, à tous ceux enfin ayant besoin d'être promptement et sûrement documentés, de se livrer à de longues recherches dans les auteurs, à l'*Officiel, *dans les rapports faits à la Chambre et au Sénat, dans les discussions parlementaires et la jurisprudence.*

Le **Bulletin-Commentaire des Lois nouvelles et Décrets** *facilite la tâche de tous en publiant, dès promulgation, une savante analyse, un commentaire rapide et complet des lois, décrets, circulaires, etc., se rapportant à une disposition législative nouvelle. Il renvoie aux textes encore en vigueur ou indique en quoi les dispositions nouvelles diffèrent de la législation antérieure, la complètent ou y dérogent.*

Cette œuvre de science autant que de patience ne peut être menée à bonne fin que par de savants spécialistes qui, dans le silence du cabinet, travaillent pour tous sur une question qu'ils ont étudiée d'une façon spéciale, en compulsant tous les documents utiles, souvent difficiles et onéreux à se procurer.

Publier rapidement un commentaire très exact, concis et peu coûteux, qui soit pour nos abonnés une économie de temps et de recherches dispendieuses, **qui** *leur* **permette,** *en un mot,* **d'avoir sous la main et pour ainsi dire d'embrasser d'un seul regard tous les renseignements relatifs à une question nouvelle,** *tel est le but que nous nous efforçons d'atteindre. Notre tâche est grandement facilitée grâce à l'excellence de notre Comité de rédaction, qui, depuis dix-sept ans, ne marchande ni son temps ni sa peine, pour faire œuvre vraiment originale, pratique, juridique et très documentée.*

Le **Bulletin-Commentaire des Lois nouvelles et Décrets** *paraît le 15 de chaque mois en fascicule d'autant plus gros que la matière à commenter est plus importante. Chaque numéro contient un ou plusieurs* **commentaires complets, souvent accompagnés de formules pratiques, avec textes législatifs s'y référant,** *et un index alphabétique permettant de trouver de suite la solution cherchée.*

Aussi trouve-t-on notre Bulletin dans toutes les bibliothèques de droit, qu'il tient constamment au courant, en supplémentant tous les autres ouvrages sans faire aucun double emploi. — **Chaque article forme un véritable traité, qu'il est indispensable de consulter pour connaître le dernier état du droit sur toutes les questions d'actualité.**

DE

L'ADMINISTRATION LÉGALE DU PÈRE

D'APRÈS LA LOI DU 6 AVRIL 1910

(Nouvel article 389 du Code civil)

Librairie spéciale des **LOIS NOUVELLES COMMENTÉES**, 103, boulevard Saint-Michel, Paris (Ve)

DE
L'ADMINISTRATION LÉGALE DU PÈRE

D'APRÈS

LA LOI DU 6 AVRIL 1910

(NOUVEL ARTICLE 389 DU CODE CIVIL)

PAR

Henry-C. MOREAU

DOCTEUR EN DROIT

DIRECTEUR DE L'ÉCOLE DE NOTARIAT DE PARIS

PRIX : 1 FR. 50

ADMINISTRATION

DU BULLETIN-COMMENTAIRE DES LOIS NOUVELLES ET DÉCRETS

103, BOULEVARD SAINT-MICHEL, 103, PARIS (Ve)

Commentaire
de la loi du 6 avril 1910, relative à l'administration légale du père (nouvel article 389 du Code civil).

SOMMAIRE

(Les chiffres renvoient aux numéros du Commentaire)

INDEX ALPHABÉTIQUE DU COMMENTAIRE

(Les chiffres renvoient aux numéros du Commentaire)

TEXTE

6 avril 1910. — *LOI complétant l'article 389 du Code civil, relatif à l'administration légale du père.*

Article unique. Les deux premiers paragraphes de l'article 389 du Code civil sont modifiés et complétés ainsi qu'il suit :

« Le père est, du vivant des époux, administrateur légal des biens de leurs enfants mineurs non émancipés, à l'exception de ce qui leur aurait été donné ou légué sous la condition expresse d'être administré par un tiers.

« Lorsque le père est déchu de l'administration, la mère devient de droit administratrice en son lieu et place avec les mêmes pouvoirs que lui, sans avoir besoin de son autorisation maritale.

« En cas de divorce ou de séparation de corps, l'administration appartient à celui des deux époux auquel est confiée la garde de l'enfant, s'il n'en est autrement ordonné.

« S'il y a opposition d'intérêts entre l'administrateur et le mineur, il est nommé à ce dernier un administrateur *ad hoc* par le tribunal statuant sur requête en chambre du conseil, le ministère public entendu. Il est procédé de même si le père et la mère, tous deux vivants, sont déchus de l'administration légale, sauf application des dispositions de la loi du 24 juillet 1889, au cas où les deux époux seraient déchus de la puissance paternelle.

« L'administrateur légal doit administrer en bon père de famille et est responsable de son administration dans les termes de droit commun.

« Il accomplit seul les actes que le tuteur peut faire seul ou autorisé par le conseil de famille, et, avec l'autorisation du tribunal, statuant comme il vient d'être dit, les actes que le tuteur ne peut accomplir sans cette autorisation.

« Il est tenu toutefois de faire, en bon administrateur, emploi des capitaux appartenant à l'enfant, lorsqu'ils s'élèvent à plus de 1,500 fr., et de convertir en titres nominatifs les titres au porteur des valeurs mobilières lui appartenant, à moins que, par leur nature ou en raison de conventions, les titres ne soient pas susceptibles de cette conversion, sans que les tiers aient à surveiller cet emploi ou cette conversion.

« Sont applicables à l'administration légale, avec les modalités résultant de ce qu'elle ne comporte ni conseil de famille, ni tutelle et subrogée tutelle, les articles 457, 458, 460, 461 *in fine*, 462, 466, 467, dernier alinéa, du Code civil, 953 et suivants, livre II, titre VI du Code de procédure civile, 2, 3, 10 et 11 de la loi du 27 février 1880.

« L'administration légale cesse de droit d'appartenir à toute personne interdite, pourvue d'un conseil judiciaire, en état d'absence ou déchue de la puissance paternelle; elle peut être retirée, pour cause grave, par le tribunal statuant comme il est dit au paragraphe 4, à la requête de celui des père et mère qui n'en est pas investi, d'un parent ou allié de l'enfant, ou du ministère public.

« L'administrateur est comptable, quant à la propriété et aux revenus, des biens dont il n'a pas la jouissance, et quant à la propriété seulement, de ceux des biens dont la loi lui donne l'usufruit.

« Les articles 469, 471, 472, 473, 474 et 475 du Code civil sont applicables au compte qu'il a à rendre. »

GÉNÉRALITÉS

1. Depuis un quart de siècle, l'esprit du législateur est hanté par un souci très grand, et, en principe, très louable, de protection des intérêts privés : protection de la femme contre son mari, de l'employé contre son patron, de l'enfant contre ses parents. Pour m'en tenir à ce dernier chef, ce souci a inspiré les trois lois du 27 février 1880, du 2 juillet 1907 et du 6 avril 1910.

2. Rien de plus respectable que la pensée inspiratrice de ces diverses dispositions. L'enfant, incapable de défendre ses propres intérêts, est obligé d'en confier la garde à des mains tierces; sa confiance, à la fois naturelle et obligatoire, peut être trompée par une incapacité ou par une mauvaise foi qu'il ne peut ni contrôler ni combattre; sa faiblesse et son impuissance éveillent une compassion légitime et appellent la vigilance de la loi. Pourtant il est permis de se demander si cette compassion ne devrait pas être un peu plus réfléchie et cette vigilance un peu moins ombrageuse.

3. Je ne veux pas agiter ici la question de savoir jusqu'à quel point est avantageuse ou nuisible l'intervention du législateur dans les affaires de famille, et si l'on ne touche pas une corde inquiétante en supposant trop volontiers que, comme l'a dit si joliment M. Thaller, « tous les pères soient des tuteurs de Démosthène ». Mais j'ai peur que la hantise de la protection à outrance et de la réglementation préventive ne conduise pas à des progrès bien certains. La loi n'est pas une très bonne protectrice parce qu'elle est aussi rigide et fixe que les intérêts sont souples, mobiles et variés. Fatalement elle réglemente en prévision du pire, et, comme le pire est heureusement l'exception, les solutions extrêmes qu'elle adopte se trouvent ne s'appliquer qu'au minimum des circonstances. Le régime dotal est un bel exemple de ces protections à rebours, lui qui, institué pour défendre les intérêts de la femme, lui a précisément causé tant de préjudice qu'il s'en va maintenant en lambeaux sous les déchirures de la pratique. Et je crains fort que la loi du 27 février 1880 ne soit de nature à lui faire un regrettable pendant.

4. C'est surtout en matière d'intérêts pécuniaires que cette considération s'impose; car ces intérêts ne sont pas seulement souples et variés comme je le disais à l'instant ; ils sont surtout *circonstanciels*, si je puis parler ainsi, et ils le deviennent chaque jour davantage; or, plus une loi est précise, plus elle se fixe dans le temps, de telle sorte que, demain, elle se trouvera presque sûrement en désaccord avec les intérêts qui auront évolué tandis qu'elle demeurait immobile. Ainsi, déjà gênante dans le présent pour les intérêts qui auraient besoin de se mouvoir en deçà des limites extrêmes qu'elle prévoit, elle risque de devenir nuisible à tous dans l'avenir prochain où les circonstances auront changé.

Il eût été peut-être à souhaiter que le législateur se fût plus complètement inspiré de ces pensées quand il a été appelé à réglementer l'administration légale du père.

5. On ne saurait nier, au surplus, que cette réglementation s'imposât. L'article 389, seul texte existant au code sur la matière, laissait subsister trop d'obscurités, trop de doutes, et même trop de difficultés insolubles. Hâtons-nous d'ajouter que la loi nouvelle ne fait la lumière que sur un certain nombre de ces obscurités, et que plusieurs des questions soulevées autour de l'ancien article 389 restent, aujourd'hui comme hier, sans réponse.

6. La principale de ces questions non solutionnées, celle autour de laquelle presque toutes les autres peuvent se grouper, se posait, et se pose encore ainsi : *Quelle est la nature juridique de l'administration légale ?* Est-ce un attribut de la puissance paternelle, comme l'indiquaient le rapporteur de l'an XI, et, à la même date, le conseiller d'Etat Berlier, comme le soutiennent la majorité des auteurs, comme l'exprimait récemment M. le conseiller Laporte en ces termes excellents : « L'administration légale dérive directement de la puissance paternelle, tandis que la tutelle, au contraire, est une création de la loi » ? Est-ce une tutelle d'un genre particulier, comme l'avance M. Bartin dans son rapport à la Société d'études législatives, et comme on peut l'inférer de nombreuses décisions de jurisprudence ?

7. Le problème n'est pas uniquement philosophique ; il présente un intérêt capital, ainsi que nous le verrons plus loin. Dès à présent, on sent qu'il commande la difficulté de savoir si le tribunal peut priver de cette administration un père incapable, ou si l'auteur d'une libéralité faite au mineur peut soustraire l'objet de cette libéralité à l'administration du père pour la remettre à une autre personne qui lui paraît plus digne de confiance.

8. A cette première question une seconde se joignait comme un corollaire suit un théorème, la question de l'étendue des pouvoirs du père administrateur. Rien, en effet, ne saurait être, sur ce point, plus énigmatique que le texte de l'ancien article 389. Si, d'une part, il ne donne au père que le titre d'*administrateur*, semblant ainsi limiter ses pouvoirs, d'autre part il ne désigne, pour la passation des actes plus importants, ni une personne, ni une autorité, ni une formalité qui puisse remplacer ou habiliter le père insuffisamment qualifié pour agir. Aussi la doctrine et la jurisprudence se trouvaient-elles également embarrassées devant une situation équivoque que ne réglementait aucun texte et que ne dominait de façon évidente aucun principe absolu. Pour les uns (Massé et Verger s. Zachariæ. Dijon, 31 déc. 1891. Besançon, 11 nov. 1898), les droits du père ne souffraient aucune limitation ; la loi seule peut restreindre des pouvoirs qui sont de droit naturel, les subordonner à une autorité supérieure ou les soumettre à une formalité de garantie ; or, si la loi n'en a rien fait, il ne nous appartient pas de suppléer à son silence; c'est, on le voit, l'idée de la *puissance paternelle* qui domine ce système. Pour d'autres, qu'obsédait plutôt l'idée de la *tutelle*, les précautions et formalités auxquelles est assujetti le tuteur sont des mesures de protection d'ordre général applicables au père comme au tuteur (Merlin, Valette, Demolombe, Aubry et Rau). D'autres enfin, s'en tenant au terme d'*administrateur* qu'employait l'article 389, ne concédaient au père le droit d'agir sans contrôle que pour les actes d'*administration* (De Loynes, Marcadé, Beudant. Douai, 22 janv. 1894. Seine, 29 avril 1891). Et ce dernier système, logique en apparence, se heurtait à la double et insurmontable difficulté de tracer une délimitation exacte entre les actes de disposition et les actes d'administration, et d'indiquer la nature du contrôle que les premiers exigeraient du père administrateur.

9. Autour de ces deux questions principales, se groupaient en grand nombre des questions secondaires (*quid* en cas de séparation ou de divorce, en cas d'opposition d'intérêts, *quid* en présence des situations prévues par la loi de 1880, *quid* de la déchéance, etc.), toutes questions que nous retrouverons plus loin et, parfois, non encore solutionnées aujourd'hui, et qui, dès lors, mettaient presque chaque jour la jurisprudence et la doctrine en face de problèmes ou nouveaux ou toujours incomplètement résolus.

10. Aussi plusieurs tentatives furent-elles faites pour aboutir à la réglementation précise d'une situation si dangereusement obscure. Dès 1880, M. le garde des sceaux Cazot répondait à une observation de MM. les sénateurs Gazagne et Denormandie en promettant de préparer sur la matière un projet de loi qu'il déposa en effet sur le bureau de la Chambre en 1881. La même année, M. le député Bisseuil présentait un contre-projet fort détaillé en dix-neuf articles. Dix ans plus tard, M. le député Levêque élaborait une proposition de loi relative, il est vrai, au cas tout spécial de l'opposition d'intérêts entre le père administrateur et son enfant. En 1906, la Société d'études législatives établissait à son tour un projet très savamment et très consciencieusement étudié, mais auquel on pouvait reprocher peut-être un souci excessif du détail et l'abus de la réglementation. Enfin, le 26 décembre 1908, la Chambre, sur la proposition de M. le député Adigard, et conformément aux termes du rapport de M. le député Viollette, adoptait un texte très court qui, modifié et développé par le Sénat (séances des 5 et 11 février 1909), est, le 6 avril 1910, devenu le nouvel article 389 du Code civil.

C'est ce texte définitif que nous devons examiner présentement, en considérant, dans deux chapitres successifs, les points qu'il a tranchés et ceux qu'il a laissés dans l'ombre.

CHAPITRE PREMIER

Commentaire

11. La loi nouvelle ne saurait encourir complètement le reproche que nous adressions tout à l'heure au travail préparé par la Société d'études législatives; elle ne pèche pas par l'abondance du texte. Soucieuse de remplacer simplement l'ancien article 389 par un article nouveau, la Chambre avait cherché à réduire au minimum les dispositions qu'elle jugeait nécessaire d'adopter; le Sénat, tout en donnant à ce libellé un développement considérable, obéit à la même préoccupation; « Nous avons, dit M. le rapporteur Louis Le« grand, rencontré une première difficulté, « celle de condenser en un article unique, « pour la facilité de son incorporation dans « le Code, les règles applicables à l'adminis« tration légale. » Et l'on sent, en effet, que le législateur s'est, en cette circonstance, imposé la tâche de dire le plus de choses possible en employant le moins de mots possible.

12. Il est permis, en se plaçant au point de vue de la science juridique pure, d'estimer que l'idée n'était pas heureuse; elle comprenait en effet deux composantes contradictoires : *entrer dans les détails*, et *énoncer peu*. Fatalement ces deux tendances inconciliables devaient être amenées à se faire des concessions réciproques, et le résultat de ces concessions nécessaires ne pouvait être qu'un article fort long, de lecture difficile, et qui n'embrasserait la question ni dans son ensemble ni dans ses détails. Il eût été préférable, sans doute, d'opter entre ces deux conceptions : ou bien s'étendre, comme la Société d'études législatives, en un texte minutieux visant à l'omniprescience; ou bien se borner à poser un principe si nettement formulé que ses applications dussent s'imposer à l'intelligence des interprétateurs.

13. J'insiste sur ce dernier point, car là est le défaut du nouvel article 389. Si, en matière administrative ou politique, la loi, ayant alors un caractère plutôt réglementaire que législatif, peut se borner à envisager les faits circonstanciels et à coudre des prescriptions diverses les unes aux autres, — au contraire, quand elle régit une matière civile, elle est, essentiellement et avant tout, la consécration et l'application d'un principe juridique. A cette condition seulement elle sera *claire* d'abord, parce qu'elle aura placé en avant et au-dessus de ses dispositions concrètes la lumière qui les doit éclairer, — *complète* ensuite, parce que, dans l'impossibilité où elle se trouve de tout prévoir, elle aura du moins donné une base solide aux interprétations futures. D'une manière générale et dans son ensemble, le Code nous fournit d'excellents exemples de cette conception de la loi civile.

14. Malheureusement, le législateur du 6 avril 1910 ne semble pas s'en être inspiré. Il ne part pas d'un point fixe; ses prescriptions ne sont pas des corollaires découlant logiquement d'un principe une fois formulé; elles se juxtaposent simplement les unes aux autres avec la seule préoccupation d'être aussi nombreuses que possible; et ce manque de base donne à tout l'article quelque chose de hâtif et d'inconsistant. — J'ai dit plus haut que la question qui dominait notre matière se posait ainsi : *Quelle est la nature juridique de l'administration légale?* De la réponse à cette question dépend la solution de presque tous les problèmes soulevés autour de notre sujet, à ce point qu'il suffisait de déterminer, une fois pour toutes, cette nature juridique pour que se trouvassent élucidés en majeure partie les doutes que des prescriptions successives résolvent d'une façon aussi pénible qu'incomplète. Je l'ai déjà fait pressentir ; la suite de cette étude le démontrera surabondamment. Or, cette question fondamentale, de laquelle surgissent toutes les difficultés de notre matière, et dont la solution aurait dû être tout au moins le principe générateur du nouvel article 389, cette question, le législateur ne l'a pas effleurée. Non seulement il ne l'a pas tranchée, mais il est impossible même de deviner l'opinion qu'il s'en est faite, ni même s'il a sur elle une opinion quelconque.

15. D'une part, en effet, le rapporteur de la loi au Sénat cite avec complaisance les textes les plus favorables au rattachement du droit d'administration légale à la seule puissance paternelle, et à la constatation de l'abîme qui sépare ce droit de la tutelle; — il reproduit successivement les observations présentées au Tribunat lors de l'élaboration du Code : « Il paraît évident que, jusqu'à la dissolution du mariage, le véritable titre du « père et le seul qu'il puisse avoir dans l'hy« pothèse dont il est question, est celui d'ad« ministrateur ; » — les paroles du conseiller d'Etat Berlier : « Tout mineur n'est pas né« cessairement en tutelle ; celui dont les père « et mère sont encore vivants trouve en eux « des protecteurs naturels et, s'il a quelques « biens personnels, l'administration en appar« tient au père. La tutelle commence au décès « du père ou de la mère, car, alors, en per« dant un de ses protecteurs naturels, le mi« neur réclame déjà une protection spéciale « de la loi; » — l'avis formulé en 1881 par le conseil d'Etat : « Dans la pensée du législa« teur, l'administration légale du père de « famille est le droit qui lui appartient du« rant le mariage d'administrer librement les « biens personnels de ses enfants mineurs. « Cette administration *n'est pas une tutelle ;* « le père, administrateur, *n'est rien moins* « *qu'un tuteur* et, par suite, il n'est pas sou« mis aux conditions et charges imposées à « ce dernier; enfin l'administration légale a « son fondement et sa garantie dans la double « affection qui protège le mineur tant que « vivent ses père et mère. » Il écrit lui-même : « Il convenait de ne pas méconnaître, « en dehors d'une nécessité certaine, les « droits naturels des père et mère, de ne pas « altérer leur autorité et le respect qui leur « est dû, alors que la présomption, à laquelle « l'expérience du passé laisse toute sa force, « est que leur affection commune, de leur vi« vant à tous deux (même après le divorce), « assure à l'enfant, dans ses biens, une pro« tection efficace. » Et, de tout cela, on est tenté de conclure qu'il se rallie à l'opinion si excellemment formulée par M. le conseiller Laporte.

16. Mais, d'autre part, le texte qu'il propose au vote du Sénat n'est guère qu'un décalque des prescriptions qui régissent la tutelle et s'inspire du même esprit de défiance vague et de protection à outrance ; — et il écrit cette phrase, troublante quand on la rapproche de celles qui précèdent : « Nous avons considéré « l'administration légale, lorsqu'elle s'appli« que à ces actes, comme une sorte de tutelle « à laquelle il était loisible et logique d'éten« dre, *mutatis mutandis*, des règles d'assimi« lation avec celles de la tutelle. »

17. Ainsi la question dont la solution importe avant tout en cette matière, cette question demeure entière, et nous continuerons à manquer de guide quand des faits imprévus ou une circonstance non réglementée nous forceront à sortir du cercle, nécessairement étroit, des prescriptions qui composent le nouvel article 389 ; car on pourra toujours soutenir avec une égale vraisemblance : ou bien que le législateur a tellement rapproché de la tutelle le droit d'administration légale qu'il ne le considère plus réellement comme un attribut de la puissance paternelle, mais bien comme une tutelle d'un genre particulier « une tutelle très libre, une tutelle sans ga« rantie, une tutelle réglementée doucement » (Rapp. de M. Bartin. Bull., p. 299-300) ; — ou bien que, toujours respectueux du principe qui fait découler le droit d'administration de la puissance paternelle, il ne s'est écarté de ce principe que dans des cas spéciaux que l'on doit donc considérer comme limitativement indiqués.

18. Nous pouvons désormais aborder l'étude même du texte nouveau. Son dispositif vise les cinq points suivants :

1° Délimitation des pouvoirs du père administrateur ;

2° Application à cette administration des prescriptions de la loi du 27 février 1880 ;

3° Réglementation des cas où les intérêts du père administrateur se trouvent en conflit avec les intérêts de son enfant mineur ;

4° Déchéance et privation du droit d'administration légale ;

5° Reddition des comptes d'administration.

I.

PREMIER POINT. — DÉLIMITATION DES POUVOIRS

19. Ce point fait l'objet de diverses dispositions éparses dans les différents paragraphes de l'article :

« Le père est, du vivant des époux, administrateur légal des biens de leurs enfants « mineurs (§ 1er).

« L'administrateur légal doit administrer « en bon père de famille et est responsable « de son administration dans les termes du « droit commun. Il accomplit seul les actes « que le tuteur peut faire seul ou autorisé par « le conseil de famille, et avec l'autorisation « du tribunal statuant comme il vient d'être « dit (sur requête en chambre du conseil), « les actes que le tuteur ne peut accomplir « sans cette autorisation. Sont applicables à « l'administration légale, avec les modalités « résultant de ce qu'elle ne comporte ni con« seil de famille, ni tutelle, ni subrogée « tutelle, les articles 457, 458, 460, 461 *in* « *fine*, 462, 466, 467 dernier alinéa du Code « civil, 953 et suivants du Code de procédure « civile (§ 2). »

20. Ces dispositions consacrent au profit du père le droit d'administrer, et, à sa charge, l'obligation de rendre compte. Elles reproduisent, à ce point de vue, non seulement le sens, mais les termes mêmes de l'ancien article 389. Mais il importe d'observer que, muet sur les conditions de cette charge, le nouveau texte, comme le texte ancien, laisse dans le doute les questions relatives à l'obligation de faire inventaire et de fournir caution, questions que nous retrouverons donc fatalement dans notre second chapitre (cf. *infra*, nos 71-72).

21. Du moins l'alinéa 6 précise-t-il assez heureusement le mode d'exercice des droits d'administration légale, et il reproduit, en somme, la théorie de MM. Aubry et Rau et Valette (cf. *supra*, n° 8). On peut résumer sa doctrine en ces termes : « L'administration légale étant exclusive de la conception d'un conseil de famille, le père administrateur réunit en sa personne les pouvoirs et du tuteur et du conseil de famille ; il fera donc seul et librement les actes qui n'excèdent pas les droits soit du tuteur seul, soit du tuteur autorisé ; — mais ses pouvoirs ne vont pas au delà, et l'intervention de la justice lui sera imposée toutes les fois qu'elle est imposée au tuteur ». En d'autres termes, le père administrateur est, au point de vue de ses pouvoirs, considéré comme *un tuteur sans conseil de famille*.

22. Nous lui accorderons donc sans hésitation le droit de faire tous les actes nécessaires ou simplement utiles à la conservation, à la mise en rapport et à l'augmentation du patrimoine du mineur, sans qu'il y ait d'ailleurs à distinguer entre les actes d'administration et les actes de disposition. (Dalloz, C. A. 450-107). Tels sont : le paiement des dettes légitimes, exigibles ou à terme si ces dernières sont productives d'intérêt et que le paiement en soit fait sur fonds disponibles, le père fût-il lui-même le créancier de ces dettes, — l'encaissement des revenus et des capitaux, — le règlement des comptes à l'amiable et sans transaction, — la production à un ordre, — les actes conservatoires, entretien, mise en demeure, interruption de prescription (J. G. S. min. tut., 376), — la passation de baux de neuf ans et leur renouvellement deux ou trois ans avant expiration, suivant qu'il s'agit de biens urbains ou de biens ruraux, — la passation de contrat d'assurance contre l'incendie ou contre les accidents, — l'acceptation ou la répudiation d'une succession, d'un legs universel ou particulier, — l'exercice des actions mobilières et immobilières, — les poursuites à titre de voies d'exécution, — l'exercice de l'action en partage soit pour le provoquer, soit pour y répondre.

23. En revanche, nous l'astreindrons à se pourvoir d'une autorisation de justice pour emprunter au nom du mineur, — pour aliéner, échanger ou hypothéquer un immeuble du mineur, — pour constituer sur ce même immeuble un usufruit ou une servitude, — pour céder des droits appartenant au mineur dans une succession qui comprendrait des biens immeubles (mais ce dernier cas, par la force même des choses, sera extrêmement rare).

24. Enfin nous n'hésiterons pas à lui interdire absolument, comme nous les interdisons au tuteur, et sans que puisse à ce l'habiliter aucune autorisation, les actes qui s'analysent en une aliénation gratuite de droits appartenant à son enfant, comme seraient : la remise d'une dette à un débiteur du mineur, — la renonciation gratuite à un droit acquis par celui-ci, comme une prescription, — la mainlevée sans paiement d'une inscription hypothécaire existant au profit du mineur. Tous ces actes, en effet, sont nettement exorbitants du pouvoir d'administration, et tendent, non point à la conservation ou à la mise en valeur du patrimoine, mais à sa diminution. — Sera également interdite à l'administrateur légal l'acquisition d'une créance ou d'un droit contre le mineur (450 C. civ., § 3). Mais cette interdiction ne s'applique pas au paiement emportant subrogation aux termes de l'article 1251. L'administrateur qui aurait payé de ses deniers une dette du mineur pourrait être subrogé aux droits du créancier désintéressé, soit légalement, soit conventionnellement. (Aubry et Rau, Colmet de Santerre, Laurent. *Contra*, en ce qui concerne la subrogation conventionnelle, Toullier). — D'autre part, notre prohibition ne vise que les acquisitions à titre onéreux, parce qu'elles ont ou peuvent avoir un caractère de spéculation ; les acquisitions de droits à titre gratuit seront donc permises à l'administrateur qui pourrait, par exemple, hériter d'un droit contre son mineur. (Mêmes auteurs.)

25. Quant à l'achat ou à la prise à bail de biens appartenant au mineur, l'article 450 du Code civil ne les interdit pas absolument au tuteur ; il exige seulement, pour leur validité, l'autorisation du conseil de famille ; ces actes rentrent donc dans la série de ceux que l'administrateur légal peut accomplir seul. Mais il est trop clair qu'il ne saurait, pas plus que le tuteur, *se louer à lui-même* le bien qu'il administre. L'article 450 solutionne la difficulté, en ce qui concerne le tuteur, en prévoyant l'intervention, dans ce cas, d'un subrogé tuteur ; or cet intervenant nous fait ici défaut. Force nous est donc d'appliquer à notre espèce la règle que nous rencontrerons tout à l'heure, sous notre paragraphe 3 : Le père administrateur *peut* acheter ou prendre à bail les biens de son enfant mineur ; mais, en le faisant, il entre en conflit d'intérêts avec cet enfant ; nous sommes donc dans un cas nettement prévu par la loi nouvelle, et il y aura lieu de faire nommer un administrateur *ad hoc* qui sera chargé de la passation des contrats.

26. L'assimilation de l'administration légale et de la tutelle se poursuit par l'application faite à la première de l'article 461 *in fine* (C. civ.), de laquelle il résulte qu'une succession ne pourra jamais être acceptée pour un mineur que sous bénéfice d'inventaire, que ce mineur soit ou non placé sous tutelle. On ne saurait, en effet, s'arrêter à une soi-disant difficulté qui a été soulevée pour une situation analogue et qui se formulerait ainsi : si la succession s'ouvre au bénéfice d'un mineur qui ne possède encore aucun patrimoine propre, l'administration légale n'existe donc pas encore et n'existera que quand le mineur aura acquis, par son acceptation, des biens sur lesquels puisse s'exercer l'administration du père. Donc, au moment où il accepte pour son enfant, le père n'est pas encore administrateur ; à quel titre donc pourrait-il accepter ? C'est là une pure pétition de principes. L'héritier, saisi par le décès même du *de cujus*, se trouve être immédiatement, et dès l'ouverture de la succession, titulaire des droits héréditaires ; et l'acceptation, qui ne lui fait ainsi rien acquérir, n'intervient qu'au moment où le mineur est déjà investi de la succession ouverte à son profit.

27. C'est le même raisonnement qui nous a fait accorder au père le pouvoir d'accepter un *legs* au nom de son enfant mineur. Quant aux *donations*, il n'y avait point à s'en occuper ; si le père peut les accepter, ce n'est ni à titre d'administrateur légal, ni comme investi de la puissance paternelle, mais simplement comme ascendant, et en vertu des dispositions de l'article 935 du Code civil. Néanmoins cette matière des donations et des legs peut soulever des difficultés sérieuses que nous étudierons dans notre seconde partie. (Cf. *infra*, n°s 64-68.)

28. Le nouvel article 389 continue, d'une façon plus fâcheuse, son effort de rapprochement entre l'administration légale et la tutelle, en soumettant tout mineur aux étroites prescriptions des articles 466 et 469 du Code civil, ainsi qu'à celles des articles 953 et suivants du Code de procédure : *partage* nécessairement fait en justice et nécessairement précédé d'une expertise ; — *licitation* obligatoirement faite aux enchères publiques, après affichage et avec admission nécessaire des étrangers ; — *vente des immeubles* nécessairement ordonnée par jugement, précédée d'estimation, de cahier des charges et d'affichage, effectuée aux enchères publiques avec faculté de surenchère. Il est permis d'estimer, comme nous l'indiquions plus haut, que le législateur de 1910 s'est laissé emporter trop loin par son souci excessif de protection à outrance. Toutes ces formalités sont coûteuses d'abord, périlleuses ensuite ; un majeur maître de ses droits les évite autant que possible pour ce double motif, et nul ne songe à nier les avantages de toute nature que présentent la vente et le partage amiable. Or, si l'on peut à la rigueur, et avec beaucoup de bonne volonté, admettre que la loi a été sage, en prévision de collusions possibles, d'imposer un mal relatif certain au mineur placé sous une vraie tutelle, était-il raisonnable et souhaitable d'étendre de telles mesures au mineur placé sous l'autorité de son père, alors que la loi elle-même considère que l'affection paternelle, contrôlée par l'affection de la mère, est de nature à inspirer une confiance assez grande pour rendre inutile l'intervention d'un conseil de famille ?

Quoi qu'il en soit, le législateur a jugé bon d'enfermer le mineur et son administrateur légal dans cette carapace de fer qui, sous peine de lourds sacrifices pécuniaires, les voue à une immobilité complète ; accablant l'enfant de son encombrante sollicitude, il le place à peu près dans la situation où Sancho Pança fut placé par la malice de ses tourmenteurs lors du fameux combat de nuit livré en l'île de Barataria.

29. Cette rigueur est d'autant plus surprenante, en ce qui regarde les *ventes d'immeubles*, que le nouveau texte supprime expressément l'article 459 du Code civil de la liste des articles applicables aux biens de mineurs placés sous l'administration paternelle. Il est à supposer qu'il ne l'a écarté de son énumération que comme inutile puisque ses dispositions devaient se trouver reproduites par les articles 954 et suivants du Code de procédure indiqués par le texte comme s'appliquant à notre matière. De l'ensemble de notre alinéa il résulte :

Que, si l'immeuble appartient au mineur par indivision avec un tiers et que ce dernier en demande la licitation, le père administrateur, par application de l'article 815 du Code civil, n'a point à se munir d'autorisation pour acquiescer à cette demande;

Mais que, en tout autre cas, soit qu'il veuille procéder à la vente d'un immeuble possédé divisément par son enfant, soit qu'il veuille provoquer la licitation d'un immeuble indivis entre son enfant et un tiers, il doit se faire préalablement autoriser par le tribunal;

Que toute vente ou toute licitation consécutive à cet acquiescement ou à cette autorisation doit être faite aux enchères, conformément aux dispositions des articles 954 et suiv. du Code de procédure.

30. Nous étudierons plus loin les questions relatives à la procédure à suivre pour l'introduction de la demande en autorisation. (Cf. *infra*, n° 52.)

31. On a dû remarquer que le nouveau texte déclare applicable à notre matière tout le titre VI du livre II du Code de procédure. Or, il est évident que deux des articles de ce titre ne sauraient recevoir ici d'application, ce sont les articles 953 et 962. Le premier veut que l'autorisation du tribunal soit précédée d'un avis de parents du mineur énonçant la nature des biens à vendre et leur valeur approximative. Ces parents n'ont assurément pas à intervenir en matière d'administration légale, puisque cette administration ne comporte pas de conseil de famille. Le père administrateur fera donc seul la désignation des immeubles dont il demande que la vente soit autorisée, comme il justifiera seul des circonstances qui rendent cette vente nécessaire ou utile. L'article 962 veut que le subrogé tuteur du mineur soit appelé à la vente; or, nous n'avons point ici de subrogé tuteur qui puisse exercer cette surveillance, et, d'autre part, les intérêts du père ne se trouvant pas, dans ce cas, en conflit avec ceux de l'enfant, nous ne rencontrons pas les motifs qui, dans l'hypothèse de l'achat ou de la prise à bail par le père des biens du mineur, autorisaient le remplacement du subrogé tuteur par un administrateur *ad hoc*. (Cf. *supra*, n° 25.) Nous pensons donc que ces deux articles 953 et 962 ne sont pas applicables à l'administration légale, et que leur suppression en cette matière rentre dans les modalités (le législateur voulait sans doute dire *modifications*) « résultant de ce qu'elle ne comporte ni conseil de famille ni subrogée tutelle ».

32. En ce qui concerne la *transaction*, notre texte, ne la soumettant qu'aux prescriptions du dernier alinéa de l'article 457 du Code civil, indique clairement qu'il dispense le père administrateur de la formalité, d'ailleurs assez vaine, qui continue à s'imposer au tuteur, et qui consiste à se munir de l'avis de trois jurisconsultes désignés par le procureur de la République. Le législateur de 1910 a justement pensé que l'intervention du tribunal rendait inutile cette consultation préalable.

33. Nous étudierons, dans notre seconde partie, la question plus délicate du *compromis*. (Cf. *infra*, n° 74.)

II.

SECOND POINT. — APPLICATION A L'ADMINISTRATION LÉGALE DES PRESCRIPTIONS DE LA LOI DE 1880

34. Cette loi ne jouit pas d'une faveur universelle ; elle est de celles dont je parlais plus haut, qui protègent mal pour vouloir trop protéger. Au cours d'une discussion de la société d'études législatives, M. Thaller, le distingué professeur, la critiquait excellemment en ces termes : « M. Bartin disait que « la loi de 1880 est une loi excellente ; je n'ai « pas, je l'avoue, sur cette loi, la même impression. C'est une loi extrêmement gênante, qui cause des déceptions et des « déconvenues très grandes dans de nombreuses familles. On a vu des familles, en « présence d'une baisse considérable survenant sur les valeurs, subir la conséquence « de cette baisse sans avoir le moyen de réagir et de se couvrir. La raison en est dans « ces obstacles apportés au père, tant à raison « de la forme nominative qu'on impose aux « valeurs, que par la nécessité de convoquer « le conseil de famille et d'obtenir au besoin « la délibération conforme du tribunal, afin « de réaliser, afin de donner à l'agent de « change l'ordre de négocier un titre. » Et M. le procureur général Baudouin, tout en défendant énergiquement la bienfaisance de cette loi, était obligé de déclarer : « En ce qui concerne la lenteur des négociations, nous ne pouvons absolument rien. »

Le législateur de 1910 a cru devoir étendre au père administrateur les prescriptions de cette loi, en y apportant tout au plus quelques légères atténuations.

35. La loi de 1880 impose au tuteur trois obligations :

Se munir, pour l'aliénation des meubles incorporels appartenant à son pupille, de l'autorisation du conseil de famille, toujours, et de l'homologation du tribunal si les meubles à aliéner dépassent une valeur de 1,500 fr. en capital ;

Convertir en titres nominatifs tous titres au porteur, à moins d'impossibilité ;

Faire, dans les trois mois de leur rentrée, emploi de tous capitaux en titres nominatifs.

Ces trois obligations pèsent aujourd'hui, *mutatis mutandis*, sur le père administrateur.

36. Le texte primitif voté par la Chambre le 21 décembre 1908 dénotait un état d'esprit singulièrement hésitant. D'une part, il n'astreignait le père administrateur qu'à l'obligation de se munir de l'autorisation du tribunal dans le cas où il voulait, soit aliéner les valeurs mobilières appartenant au mineur, soit convertir au porteur celles de ces valeurs qui seraient nominatives ; il ne l'obligeait donc point à la conversion inverse ; il lui permettait de laisser au porteur les titres qui y étaient déjà. Mais, d'autre part, il semblait exiger l'autorisation du tribunal pour *toute vente* de meubles incorporels, à quelque chiffre que se montât l'aliénation, alors que le tuteur lui-même ne doit solliciter cette autorisation que si la valeur des meubles à aliéner dépasse 1,500 fr. ; et il imposait au tribunal autorisant la vente l'obligation de préciser l'emploi à faire des fonds en provenant, alors que le tuteur reste, dans une certaine mesure, maître de ses remplois, le conseil de famille n'ayant que la *faculté* et non l'obligation de « prescrire les mesures qu'il jugera utiles ».

37. Le nouveau texte, élaboré par la commission du Sénat, est à la fois plus étroit et plus logique. Désormais le père administrateur, presque complètement assimilé au tuteur, n'en diffère plus que sur quatre points :

Il peut aliéner seul et sans autorisation tout meuble incorporel dont la valeur n'excède pas 1,500 fr. en capital ;

Il ne lui est imposé de délai ni pour le remploi des capitaux encaissés, ni pour la conversion au nominatif des valeurs au porteur ;

Il n'est pas tenu de faire emploi des capitaux appartenant à l'enfant lorsque leur valeur ne dépasse pas 1,500 fr. ;

Enfin si, soit par leur nature, soit en vertu de convention, les titres au porteur appartenant au mineur ne sont pas susceptibles d'être convertis en nominatifs, le père administrateur reste libre soit de les conserver tels, soit de les aliéner à charge ou non de remploi, avec ou sans autorisation, suivant que leur valeur en capital excède ou non 1,500 fr. Ces mots : *en vertu de convention*, doivent s'entendre dans le sens que leur donne la loi de 1880 à laquelle ils sont empruntés (art. 5, alinéa 4). (Cf. *infra*, n°s 66-68.)

38. Le nouvel article 389 reproduit et complète fort heureusement la disposition de la loi de 1880 (art. 6 *in fine*) ; il dispense expressément les tiers de surveiller les emplois ou les conversions. Les notaires, banquiers, agents de change et vendeurs sont donc ainsi déchargés d'une responsabilité que la jurisprudence, malgré les critiques que soulevaient ses décisions, tendait à leur faire supporter.

39. En terminant cette partie de son rapport, M. le sénateur Louis Legrand concluait par ces lignes, sur lesquelles nous aurons à revenir : « Il ne lui a certes pas échappé (à la « commission) que les obligations ainsi im- « posées, notamment en l'absence d'un délai « fixe pour les accomplir, pourraient paraître « manquer de sanction. Mais la sanction gé- « nérale édictée dans le paragraphe 3 nous « semble suffisante, puisque nous avons « admis que l'administration légale pourrait « être enlevée judiciairement, pour causes « graves et dûment justifiées, à celui qui en « est investi. » (Cf. *infra*, n° 55.)

III.

TROISIÈME POINT. — RÉGLEMENTATION DES CAS OU LES INTÉRÊTS DU PÈRE ADMINISTRATEUR SE TROUVENT EN CONFLIT AVEC LES INTÉRÊTS DE SON ENFANT MINEUR

40. La solution que donne à ce cas la loi nouvelle est conforme aux règles ordinaires dans les hypothèses analogues. Le tuteur, par exemple, en conflit d'intérêts avec son pupille, cesse de représenter celui-ci dont la cause est prise en mains par le subrogé tuteur ; de même, si plusieurs pupilles du même tuteur ont des intérêts contraires dans une même affaire, il y a lieu à nomination de tuteurs *ad hoc*. Or ce conflit d'intérêts peut exister également entre père administrateur et enfant mineur, par exemple si celui-ci est légataire universel dans une succession dont celui-là est héritier réservataire, ou s'ils sont tous deux appelés à la même succession, comme celle d'un frère du mineur. Dans tous ces cas, l'analogie de cette situation avec la précédente amène à souhaiter la nomination d'un *administrateur ad hoc*.

C'est ainsi qu'en a ordonné la loi nouvelle ; et, de la sorte, elle met fin à une très vive controverse. Nombre d'auteurs, suivis par la jurisprudence en quelques arrêts, soutenaient que le représentant occasionnel du mineur devait être un *tuteur ad hoc*, ce qui entraînait l'organisation d'une tutelle véritable, avec conseil de famille, subrogé tuteur et hypothèque légale (Demolombe, Aubry et Rau, Colmet de Santerre. Poitiers, 4 juin 1884. Cass., 10 juin 1885). Duranton voulait qu'il fût ici seulement question d'un *subrogé tuteur*, ce qui s'expliquait mal en l'absence de tuteur. Enfin quelques auteurs et une jurisprudence assez compacte optaient pour la nomination d'un simple *administrateur ad hoc* (Labbé. Paris, 9 janvier 1875. Douai, 5 juillet 1878. Rouen, 18 nov. 1896, Seine, 21 févr. 1902).

41. C'est cette dernière opinion qui triomphe dans la loi de 1910. « S'il y a opposition « d'intérêts entre l'administrateur et le mi- « neur, il est nommé à ce dernier un admi- « nistrateur *ad hoc* par le tribunal statuant « sur requête en chambre du conseil, le mi- « nistère public entendu » (alinéa 4). Mais la loi ne nous dit pas qui aura mission de provoquer cette nomination. Les principes conduisent à la confier au père lui-même, et, à son défaut, au ministère public.

IV.

QUATRIÈME POINT. — DÉCHÉANCE ET PRIVATION DU DROIT D'ADMINISTRATION LÉGALE

42. Le législateur de 1910 s'est très vivement préoccupé de prévoir les conséquences qu'entraîneraient, au point de vue de l'administration légale, le divorce, la séparation de corps, l'interdiction, la dation de conseil judiciaire, l'absence, la déchéance de la puissance paternelle. Il a égrené ses solutions au long des divers alinéas; il importe de réunir ces solutions en les étudiant de façon méthodique.

43. Le silence de l'ancien article 389 avait fait naître, notamment à l'occasion du divorce, une très ardente controverse, que nous allons résumer parce qu'elle met en jeu les principes qui gouvernent à peu près tous les cas analogues. Cette controverse se présentait ainsi : Lorsque la vie commune cesse entre les époux, les enfants suivent l'un ou l'autre des conjoints qui se séparent ; il arrive assez fréquemment que ces enfants soient confiés à la garde de leur mère ; dans ce cas, doit-on considérer que le père conserve ses droits d'administrateur légal sur leurs biens ? En d'autres termes, faut-il réunir l'administration légale à la garde de l'enfant, ou, au contraire, faut-il l'en dissocier ?

Tout d'abord il convenait alors d'écarter de la discussion le cas de la séparation de corps. La difficulté sur ce point se trouvait résolue par les mots de l'ancien article 389 : *durant le mariage*. Le mariage survit à la séparation de corps ; donc le mari conservait, en cette hypothèse, ses pouvoirs d'administrateur.

Mais le divorce met fin au mariage, et, dès lors, se place en dehors des prescriptions de l'ancien article 389. A la vérité, quelques auteurs avaient émis l'idée que le divorce prononcé donnait lieu à l'ouverture de la tutelle (cf. Demante) ; mais cette thèse ne saurait être soutenue; la tutelle ne s'ouvre qu'à la mort de l'un des époux, et, comme le dit Laurent, « il faudrait un texte plus que formel pour « que l'époux coupable fût considéré comme « mort ». La difficulté restait donc entière.

44. Rien de plus simple si, le divorce ayant été prononcé aux torts de la mère, les enfants ont été confiés au père, qui conserve ainsi, sans aucune contestation, son droit d'administrateur. Mais il arrive souvent que les enfants soient remis à la mère, et quand le divorce est prononcé aux torts du mari, et même quand il est prononcé contre elle, si l'âge des enfants leur rend indispensables les soins d'une mère. La difficulté était simple dans le premier cas, et double dans le second ; car, s'il est assez malaisé de comprendre que la protection des personnes soit distincte de celle des biens, division qui ne peut être qu'une source permanente de conflits, on s'explique moins encore que l'un des époux gère une fortune dont l'autre a l'usufruit légal ; or c'est ce qui arriverait si le père, vainqueur dans sa demande en divorce, restait ainsi usufruitier de biens dont la mère condamnée aurait l'administration en même temps que la garde des enfants. Aussi la doctrine hésitait-elle entre les deux solutions ; les uns rattachaient le pouvoir d'administrateur au droit de garde (Aubry et Rau, Carpentier) ; les autres le reliaient plutôt à l'usufruit légal (Huc) ; pour les premiers, celui-là était administrateur qui gardait les enfants ; pour les seconds, celui-là était administrateur qui jouissait des biens. La jurisprudence oscillait entre ces deux opinions (Paris, 15 déc. 1886, 4 août 1888, 4 mai 1896, 25 nov. 1896. Grenoble, 24 juillet 1900).

Le conseil d'Etat émettait un troisième avis qui faisait du droit d'administrer un attribut de la puissance paternelle, indépendant du droit de garde et du droit d'usufruit. Consulté par le ministère des finances sur la question de savoir si, « après le divorce, le père conserve dans tous les cas l'administration légale des biens personnels de ses enfants mineurs », il répondait dans son avis du 16 novembre 1899 que le divorce n'a pas pour conséquence de faire perdre de plein droit au père l'administration des biens de ses enfants ; que le père la conserve, en principe, alors même que le divorce aurait été prononcé contre lui et que la garde de ses enfants lui aurait été enlevée, sauf aux juges à lui retirer cette administration si les intérêts des enfants l'exigent, et il concluait que le père « a toujours qualité pour représenter ses enfants dans les opérations afférentes aux rentes sur l'Etat ».

Enfin la Société d'études législatives estimait que les deux droits de garde et d'administration doivent demeurer distincts ; car, disait-elle, « autres sont les qualités personnelles qui permettent d'élever convenablement un enfant, de l'entourer des soins « matériels et physiques dont il peut avoir « besoin, autres sont les qualités dont peut « résulter la présomption d'une capacité suffisante pour gérer un patrimoine. » En conséquence, elle souhaitait que le tribunal qui prononcerait le divorce ou la séparation de corps pût statuer séparément sur la garde des enfants et sur l'administration de leurs biens.

45. Le nouvel article 389 s'est arrêté à cette dernière solution. Sa doctrine peut se résumer ainsi :

a) En cas de divorce ou de séparation de corps, l'administration appartient, en principe, à celui des époux auquel est confiée la garde de l'enfant ; mais le tribunal peut en ordonner autrement, et séparer le droit de garde du droit d'administration (al. 3). On ne saurait se dissimuler qu'une telle décision est de nature à engendrer de singulières complications si, le père ayant triomphé dans sa demande en divorce et conservant ainsi son droit d'usufruit légal, et la mère ayant néanmoins obtenu la garde de l'enfant, le tribunal refuse ou omet de séparer les deux pouvoirs ; ce serait alors l'administration et l'usufruit qui se trouveraient séparés, en dépit de toute logique et au risque d'incessants conflits ;

b) L'interdiction, la dation de conseil judiciaire, l'absence, la déchéance de puissance paternelle privent de plein droit la personne qu'elles atteignent du droit d'administration légale (al. 9) ;

c) L'administration légale peut être en outre, *pour causes graves*, retirée à la personne qui l'exerce, par décision du tribunal provoquée par tout parent ou allié de l'enfant ou par le ministère public ; — ces *causes graves* sont laissées à l'appréciation du tribunal (al. 9) ;

d) Lorsque le père est déchu de l'administration, la mère devient de droit administratrice à ses lieu et place avec les mêmes pouvoirs que lui ; — elle n'a évidemment pas besoin de l'autorisation maritale pour exercer ces pouvoirs (al. 2) ;

e) Si le père et la mère, tous deux vivants, sont déchus de l'administration, il est nommé à l'enfant, par le tribunal statuant sur requête en chambre du conseil, un administrateur *ad hoc* (al. 4). La loi omet ici de nous dire qui aura pouvoir pour provoquer cette nomination ; peut-être conviendrait-il d'accorder ce pouvoir à tout parent ou allié du mineur et au ministère public, par application de l'alinéa 9 ;

f) Toute donation et tout legs faits en faveur du mineur peuvent comporter la condition expresse que les biens donnés ou légués seront administrés par un tiers (al. 1).

46. Si complète que paraisse au premier abord cette réglementation, elle ne laisse pas moins subsister des doutes assez nombreux que nous retrouverons plus loin (cf. *infra*, n°s 59 et suiv.). Mais nous devons dire tout de suite que la dernière de ces dispositions (celle qui permet à un donateur ou testateur de dépouiller au moins partiellement le père de son pouvoir d'administration) est de nature à soulever de vives critiques. Cette clause privative peut se présenter sous deux formes, soit que le disposant ait nommé lui-même l'administrateur des biens donnés ou légués par lui, soit qu'il ait seulement stipulé que le père du gratifié ne sera pas administrateur de ces biens, sans avoir désigné personne pour le remplacer dans ce rôle. A la vérité, notre texte ne prévoit que la première hypothèse ; mais il semble impossible d'écarter la seconde ; l'essence d'une telle clause, en effet, n'est pas la nomination d'un administrateur quelconque, mais bien la déchéance infligée au père du mineur ; si la loi accorde au disposant ce second et si grave pouvoir, il serait puéril d'en subordonner l'exercice à la circonstance toute secondaire du choix d'un administrateur spécial. On en doit conclure que, si le donateur ou testateur s'est borné à exclure le père de l'administration des biens attribués au mineur, le père exclu se trouve déchu de son droit légal, et qu'il y a lieu alors à dévolution de ce droit à la mère ou à nomination d'un administrateur *ad hoc*, conformément aux dispositions des alinéas 2, 3, 4 et 9 visant le cas de déchéance.

Dans l'hypothèse où l'administrateur nommé par le donateur viendrait à décéder ou à devenir incapable avant la majorité du bénéficiaire, le tribunal aurait-il également à nommer un autre administrateur ? Oui, sans doute, si la disposition du donateur a eu *pour but* d'écarter le père de l'administration des biens donnés. Mais il semble difficile de décider de même dans le cas où le donateur aurait eu dans l'intention, non pas d'évincer le père de son droit légal, mais simplement de *lui préférer* un autre administrateur désigné ; dans ce dernier cas, la vocation du père serait simplement paralysée et non éteinte ; elle renaîtrait avec la disparition de l'obstacle qui s'opposait à son exercice. Les tribunaux auraient donc à apprécier sur ce point la volonté du disposant.

47. Mais c'est l'étendue même du droit ainsi concédé au disposant qui soulèvera sans doute les critiques de nombreux juristes. On sent combien cette question se lie étroitement à celle que nous avons exposée au début de cette étude, de la *nature* du droit conféré au père par la loi. M. Bartin dit fort justement : « Si on rapproche de la tutelle cette administration légale, il faut en conclure qu'un donateur peut retirer au père, administrateur légal des biens de l'enfant, l'administration des biens qu'il lègue à l'enfant. Si on rapproche, au contraire, l'administration légale de la puissance paternelle, et si on l'en fait dépendre, il est clair qu'elle ne comporte pas l'exception dont je viens de parler. »

Il est vrai que MM. Aubry et Rau, Huc, Planiol admettent bien que l'administration légale soit un attribut de la puissance paternelle, mais non un attribut *essentiel* comme le serait le droit d'émancipation ; priver le père de cette administration n'est donc pas, selon eux, atteindre la puissance paternelle dans son essence, ni, par suite, blesser l'ordre public; et la jurisprudence française s'était déjà, antérieurement à la loi de 1880, rangée à cette opinion. Mais la jurisprudence belge se prononce nettement en sens contraire, estimant, avec MM. Laurent, Toullier, Demante, que l'administration légale est un attribut essentiel de la puissance paternelle ; que donc toute clause qui tend à faire disparaître celle-là diminue celle-ci, car la puissance paternelle est d'ordre public et ne peut être atteinte par aucune volonté particulière.

Le législateur de 1910 a mis fin à la discussion en consacrant la théorie de MM. Aubry et Rau. Mais il est permis de penser qu'il s'est, en cela, laissé influencer plutôt par des considérations d'espèce et d'intérêt particulier que par la distinction plus complaisante que scientifique entre les attributs essentiels et non essentiels de la puissance paternelle.

48. Nous n'en sommes, au surplus, que plus autorisé à suivre jusqu'au bout la doctrine de MM. Aubry et Rau, et à décider avec eux, avec l'unanimité des auteurs et avec la totalité de la jurisprudence, que la clause privative du droit d'administration ne doit rien comporter qui touche de façon essentielle à la puissance paternelle ; et qu'ainsi serait nulle la clause qui, laissant au père l'administration des biens donnés, le placerait néanmoins, à ce point de vue, sous le contrôle d'un tuteur ou d'un conseil désigné.

V.

CINQUIÈME POINT. — REDDITION DES COMPTES D'ADMINISTRATION

49. Les alinéas 2, 5 et 8 règlent cette question de façon assez précise :

« L'administrateur légal doit administrer en bon père de famille et est responsable de son administration dans les termes du droit commun (al. 2).

« L'administrateur est comptable quant à la propriété et aux revenus des biens dont il n'a pas la jouissance et quant à la propriété seulement de ceux des biens dont la loi lui donne l'usufruit.

« Les articles 469, 471, 472, 473, 474 et 475 du Code civil sont applicables aux comptes qu'il a à rendre (al. 5 et 8). »

50. Ici l'assimilation entre l'administration et la tutelle est aussi complète que possible. Le père administrateur est comptable au même titre que le tuteur; notre alinéa 2 emploie les mêmes expressions que l'article 469, que rappelle en outre l'alinéa 3. Le père administrateur rend ses comptes à la même époque et de la même manière que le tuteur ; — il est soumis aux interdictions de l'article 472 ; — les sommes dont il est redevable sont productives d'intérêts du jour de la clôture du compte; celles dont il est créancier, du jour seulement de la sommation intervenue après la clôture du compte ; — enfin l'action du mineur contre son père administrateur se prescrit par dix ans à compter de la majorité.

51. Cette dernière décision est appelée à modifier, sur ce point, la jurisprudence. Celle-ci, soutenue par la majorité de la doctrine, estimait que les règles de la tutelle sont de droit étroit et ne sauraient être étendues à l'administration légale; que, par suite, l'action en reddition de compte de l'enfant contre le père administrateur se prescrit suivant les règles du droit commun, c'est-à-dire par trente ans. (Aubry et Rau, Demolombe, Colmet de Santerre, Dalloz, *loc. cit.*) — Mais, déjà, d'autres auteurs aimaient mieux appliquer au mineur dans notre cas la prescription décennale, pour ce motif que le père administrateur doit être traité au moins aussi favorablement que le tuteur. M. Bartin soutenait la même thèse pour une raison plus scientifique, en se basant sur la conception qu'il a de la *nature* de ce droit d'administration : « Si, dit-il, notre administration légale est en elle-même une tutelle sans réglementation, si elle est dépouillée des garanties qui accompagnent la tutelle proprement dite, cela tient à ce que, pendant la durée du fonctionnement de cette administration, il y a un certain inté-

« rêt à écarter le contrôle un peu pesant de « la tutelle proprement dite ; mais, lorsque « cette administration a pris fin, il n'y a pas « de raison pour ne pas revenir au principe « fondamental aux termes duquel cette ad- « ministration légale est, en somme, une tu- « telle. »

En adoptant cet avis, le législateur en a-t-il aussi adopté le motif? Il ne le dit ni ne l'indique. Nous le regrettons une fois de plus.

VI.

PROCÉDURE

52. Le nouvel article 389 donne des règles assez précises au sujet de la procédure à suivre dans les différents cas que nous venons de passer en revue. Ces règles peuvent se résumer ainsi :

a) Toutes demandes tendant à obtenir l'autorisation du tribunal, la nomination d'un administrateur *ad hoc* ou la déchéance du droit d'administration, seront portées, par voie de requête, devant le tribunal, qui statuera en chambre du conseil et en dernier ressort ;

b) Le ministère public sera entendu sur toutes ces demandes ;

c) Les contestations relatives au compte d'administration seront poursuivies et jugées comme les autres contestations en matière civile.

Ces dispositions se justifient par la considération invoquée en ces termes dans son rapport par M. le député Viollette : « Etant reconnue la nécessité, sous prétexte de protéger le mineur, de ne pas l'accabler sous les frais de la procédure. » Et il est certain que la loi, en imposant à l'administration légale le partage en justice et la vente aux enchères, a mis à la charge du mineur assez de frais et de risques pour lui devoir au moins cette légère compensation.

53. Nous pensons que ces règles doivent être entendues restrictivement, et que, par conséquent, s'il y avait lieu de poursuivre la révocation d'un administrateur *ad hoc*, il y aurait lieu d'agir comme en matière civile ordinaire.

54. Nous étudierons plus loin quelques difficultés qui subsistent au sujet de la compétence du tribunal appelé à statuer sur ces diverses questions. (Cf. *infra*, n°s 69 et suiv.)

VII.

SANCTIONS

55. Le législateur ne s'est pas fait grande illusion sur la force obligatoire de ses prescriptions. Nous avons entendu déjà M. le sénateur Legrand dire, dans son rapport, que les obligations imposées au père administrateur « pouvaient paraître manquer de sanc- « tion », et ajouter que « la sanction générale « de l'alinéa 10 semblait suffisante ». C'était encore s'avancer trop ; en réalité, les dispositions du nouvel article 389 n'ont pas de sanction du tout ; en réalité, comme tous les auteurs qui, emportés par le souci absorbant de défendre le mineur contre des dangers possibles, ont voulu accabler le père sous des prescriptions aussi rigoureuses que minutieusement détaillées, comme eux, le législateur, une fois sa bastille édifiée, s'est trouvé dans l'impossibilité de la défendre, c'est-à-dire de trouver des sanctions de nature à contraindre le père à se plier à sa réglementation. Sans doute, le partage amiable auquel l'administrateur consentirait au nom du mineur se trouverait n'être que provisionnel ; — sans doute encore, s'il prétendait aliéner, sans observer les formalités prescrites, un immeuble appartenant au mineur, ou une valeur d'un capital supérieur à 1,500 fr., il pourrait se heurter aux résistances des agents nécessaires de ces aliénations, lesquelles, à supposer qu'il pût les effectuer, seraient frappées d'annulabilité ; — mais ce ne sont point là des sanctions à proprement parler ; ce sont plutôt des obstacles apportés, de façon, d'ailleurs, pas très heureuse, à l'accomplissement de certaines opérations. Les véritables *obligations* du père administrateur sont relatives à la gestion des capitaux mobiliers appartenant à son enfant : mise au nominatif, emploi, etc. Or, supposons qu'il ait laissé les valeurs au porteur, qu'il n'ait point fait emploi des capitaux, qu'il ait aliéné sans autorisation (par exemple par voie d'apport en société ou par fractionnement en tranches inférieures à 1,500 fr.) des valeurs d'un total supérieur à ce chiffre, quelle mesure pourra-t-on prendre contre lui? — *Après* la fin de l'administration, il ne court pas d'autres risques que ceux qui résultent de la reddition des comptes, car, si ces divers faits ont causé préjudice au mineur, ce préjudice fera tout au plus le fond de la créance née au bénéfice de celui-ci ; et, si, des mêmes faits, comme il est fort possible, l'enfant n'a éprouvé aucun tort, sous quel prétexte élèverait-il une réclamation? — On se trouve tout aussi désarmé *pendant* le cours même de l'administration. En effet :

Il n'existe ici ni subrogé tuteur ni auxiliaire quelconque qui, ayant devoir de surveillance et encourant, de ce chef, une responsabilité, puisse exiger l'observation des prescriptions légales ;

Les tiers, « n'ayant à surveiller ni l'emploi ni la conversion », n'ont pas le droit de s'immiscer dans les faits de l'administration.

Enfin, aucun délai n'étant imposé à l'administrateur ni pour la conversion, ni pour l'emploi, il n'est donc jamais en retard d'exécution.

56. Reste l'intervention de la justice, que M. le sénateur Legrand prévoit et juge suffisante. Mais il faut observer que le nouvel article 389 ne confie au tribunal que trois rôles : autoriser certains actes de l'administrateur, — prononcer sa déchéance pour causes graves, — nommer l'administrateur *ad hoc*. La justice n'a donc le pouvoir d'ordonner ni la conversion ni l'emploi, pas plus que celui de contredire aux aliénations que j'indiquais tout à l'heure. Pourrait-elle du moins baser la déchéance sur de telles omissions ou de tels actes ? Nous ne le croyons pas. A la vérité, l'article 389, en lui permettant de priver l'administrateur de son droit *pour cause grave*, lui laisse une latitude d'appréciation singulièrement grande et peut-être excessive ; mais encore faut-il apporter à cette latitude des limites juridiques. Le tribunal n'a pas mission de *punir* l'administrateur, mais de *protéger* l'enfant ; les *causes graves* sur lesquelles il pourra motiver la déchéance sont donc celles qui mettent en péril l'intérêt de l'enfant, c'est-à-dire l'infidélité de l'administrateur ou son incapacité notoire. D'où il suit que le simple retard ou la simple inobservation des prescriptions légales ne sauraient être invoqués comme *causes graves* pour provoquer le retrait des pouvoirs d'administration ; il faudra en établir le caractère dommageable, et, même alors, ils ne pourront être retenus que comme éléments de preuve tendant à établir l'incapacité ou l'infidélité. C'est d'ailleurs ainsi que l'entend le rapporteur de la loi qui dit expressément : « L'oubli prolongé de « l'obligation d'emploi ou de conversion, la « négligence voulue de son accomplissement, « *et le plus ou moins d'importance des con-* « *séquences dommageables pouvant en résul-* « *ter* seraient de nature, *selon les circons-* « *tances*, à constituer les causes graves ».

57. Au cours de cette discussion, nous avons parfois employé le mot *père* comme synonyme d'*administrateur*, parce que nous envisagions le *plerumque fit ;* mais il est clair que notre raisonnement s'applique aussi bien à la mère administratrice, et même, ce qui est plus fâcheux, à l'administrateur *ad hoc*, car ce dernier, simplement substitué à l'administrateur légal, se meut dans les mêmes limites de pouvoirs et d'obligations.

Nous venons de passer en revue les points qu'a visés la loi nouvelle ; il nous reste à considérer rapidement ceux qu'elle a laissés dans l'ombre.

CHAPITRE II

Questions omises par la loi nouvelle

58. C'est ici que se feront particulièrement sentir les conséquences de la regrettable omission que nous signalions au début de cette étude. En négligeant de nous fixer sur la nature juridique de l'administration légale telle qu'il la conçoit, le législateur nous enlève tout moyen de solutionner par les principes les questions qu'il n'a pas lui-même tranchées. On ne peut en effet suppléer au silence de la loi sur un point donné que de deux manières, suivant que l'on considère que ses prescriptions sont limitatives et que, par conséquent, est interdit tout ce qu'elle n'a pas ordonné ; ou bien qu'elles sont simplement restrictives du droit commun, et qu'elles laissent donc les particuliers se mouvoir librement dans les limites civiles ordinaires en dehors des points qu'elles ont spécialement visés. A laquelle de ces deux méthodes devons-nous recourir ici ? Nous n'en savons absolument rien. Si l'administration légale est une tutelle, il est clair que les dispositions qui la réglementent sont de droit étroit, puisqu'elle a pour fondement la protection du mineur et non les droits naturels du père de famille ; si nous devons voir en elle un simple attribut de la puissance paternelle, il s'ensuivra que les pouvoirs du père sont d'ordre public, et, par suite, absolus, à l'exception seulement des points sur lesquels la loi a expressément voulu les restreindre (cf. *supra*, nos 14, 15, 47). Or, encore une fois, nous ignorons absolument quelle est, sur cette question primordiale, l'opinion du législateur. Tout au plus pouvons-nous constater que, sinon par sa conception de principe, au moins par ses tendances de détail, il semble pencher vers l'assimilation de l'administration légale et de la tutelle. Une telle incertitude est de nature à obscurcir singulièrement l'étude des difficultés qui vont suivre.

I.

PERTE DU DROIT D'ADMINISTRATION LÉGALE

59. Nous avons vu que le nouvel article 389 range l'*absence* parmi les causes de perte de l'administration légale, laquelle passe alors à la mère, ou, à son défaut, à un administrateur *ad hoc*. Mais le texte omet de nous dire si sa disposition s'applique à l'absence simplement *présumée* ou à l'absence *déclarée*. Or la plupart des auteurs estiment que l'article 141 du Code civil n'est applicable qu'à la *présomption d'absence*, et qu'il y a lieu à tutelle dès que l'absence est *déclarée* (Aubry et Rau, § 160, n. 18). Si l'on adoptait cette théorie, il en faudrait conclure que le droit d'administration légale ne passe à la mère ou à l'administrateur *ad hoc* que pendant la période de présomption d'absence, et cède la place à une véritable tutelle aussitôt que l'absence est déclarée ; il y aurait en effet rapprochement nécessaire, à ce point de vue, entre l'article 141 et l'article 389. Mais la thèse de MM. Aubry et Rau nous paraît difficilement soutenable ; la tutelle ne s'ouvre que par le décès de l'un des époux, et le déclaré absent n'est pas considéré comme décédé, puisque la femme du disparu peut exiger la continuation de la communauté ; peut-on admettre que le même absent soit réputé mort pour occasionner l'ouverture de la tutelle, et vivant pour justifier la continuation du régime matrimonial ? Aussi pensons-nous que, même en cas de disparition simultanée du père et de la mère, il y a lieu seulement à nomination d'un administrateur *ad hoc*.

60. Nous savons aussi que l'interdiction emporte déchéance ; mais que déciderons-nous pour le cas, très fréquent, où l'administrateur légal serait, sans interdiction, placé dans un asile d'aliénés ? Évidemment le tribunal trouverait dans cette situation une *cause grave* fort légitime ; mais encore faudrait-il qu'il fût saisi pour prononcer la déchéance et la dévolution. La question est donc de savoir si celles-ci se produiraient *de plein droit*. Nous ne le pensons pas, car la déchéance est une mesure de rigueur que l'on ne saurait étendre par analogie à des cas autres que ceux que la loi a expressément définis.

61. Autre difficulté : le père a été frappé d'interdiction, mais la tutelle en a été confiée à une autre personne que la mère. A qui, de la mère ou du tuteur du père, appartiendra le droit d'administration des biens de l'enfant ? Problème embarrassant, car on doit se demander, d'un côté, si un tiers peut puiser dans son titre de tuteur vocation suffisante à l'exercice d'un tel droit ; de l'autre, s'il est sage de confier l'administration des biens de l'enfant à la femme que l'on a jugée incapable de gérer ceux du père. Le tribunal même pourrait-il, en même temps qu'il exclut la femme de la tutelle de son mari, lui enlever l'administration légale ? Nous revenons à notre doute fondamental : si l'administration légale est de la nature de la tutelle, nous ne verrons pas d'objection sérieuse à la remettre à la personne choisie nommément pour être le tuteur du père interdit, et, surtout, nous reconnaîtrons au tribunal le pouvoir d'en priver la mère qui vient d'être l'objet d'une telle mesure de défiance ; — mais si l'administration légale se rattache énergiquement à la puissance paternelle, assurément le tuteur du père ne saurait en être investi de plein droit, et nous pensons même que le tribunal ne pourrait en dépouiller la mère sur de simples présomptions et sans être en présence des *causes graves* qu'exige pour une telle mesure l'alinéa 9 de l'article 389.

62. L'interdiction, l'internement ni l'absence ne sont, de leur nature, éternels ; ils peuvent cesser par la levée d'interdiction, la guérison et le retour. Ces événements feront-ils aussi, et de plein droit, cesser la déchéance ? Nous l'admettrons volontiers si la mère a, pendant la période de maladie ou d'absence, recueilli le droit perdu par le père ; mais *quid* s'il y a eu lieu à nomination d'un administrateur *ad hoc ?* Un nouveau jugement ne sera-t-il pas nécessaire pour mettre fin aux pouvoirs de celui-ci ? — Nous inclinerions vers la négative ; la décision de justice n'a statué qu'en vue d'une situation qui n'existe plus ; elle n'a donc plus de raison d'exister elle-même ni de produire effet. — Nous déciderons de même au cas où la séparation de corps viendrait à cesser par application de l'article 311 du Code civil ; et de même aussi pour le cas, d'ailleurs rare, où les époux divorcés viendraient à contracter entre eux un second mariage.

63. En revanche, nous pensons que, si l'administrateur légal a été frappé de déchéance par jugement pour une des *causes graves* prévues en notre paragraphe 9, il peut solliciter un nouveau jugement qui le relève de cette déchéance lorsque auront cessé les motifs légitimes de suspicion. La loi n'a déclaré nulle part que les déchéances seront perpétuelles.

II.

DONATIONS OU SUCCESSIONS RECUEILLIES PAR LE MINEUR

64. Le législateur de 1910 a solutionné la plus grave difficulté relative à cette matière, en accordant au donateur ou testateur le droit, que lui refusaient nombre de bons esprits, d'exclure le père ou la mère de l'administration des biens par lui donnés ou légués au mineur. Mais il subsiste sur ce point plusieurs problèmes délicats dont voici les deux principaux :

65. Supposons d'abord que le disposant, ayant confié à un tiers l'administration des biens donnés ou légués, le père vienne à émanciper l'enfant bénéficiaire de la libéralité ; le tiers administrateur se trouvera-t-il, de ce fait, perdre ses pouvoirs, ou les conservera-t-il jusqu'à la majorité du mineur ? — Après des fluctuations en divers sens, la jurisprudence s'était fixée dans le sens de la conservation des pouvoirs. Il semble que cet avis ne soit plus soutenable aujourd'hui ; le législateur, en insérant dans son texte les mots : *non émancipés* (« le père est, du vivant des époux, administrateur légal des biens de leurs enfants mineurs *non émancipés* »), indique clairement que l'administration légale cesse par l'émancipation. Or, il est évident que l'administrateur *ad hoc* ou choisi ne peut avoir plus de pouvoirs ni de plus longs que l'administrateur légal qu'il remplace.

66. Recherchons, en second lieu, ce qui arriverait si le disposant avait imposé à sa libéralité des conditions en opposition avec les obligations mises par la loi à la charge de l'administrateur ; si, par exemple, il avait interdit la mise au nominatif des valeurs, ou avait prescrit un emploi des fonds contraire à celui qu'implique le contexte de l'article 389 (al. 7). Le problème est double et se pose ainsi : *a*) d'une manière générale, un disposant peut-il dispenser l'administrateur, en ce qui regarde les biens compris dans la libéralité, des obligations que la loi impose à cet administrateur ? *b*) spécialement, le texte de notre loi autorise-t-il cette dispense ?

67. *a*) Nous raisonnerons donc d'abord en supposant que le nouvel article 389 ne nous fournisse d'arguments ni dans un sens ni dans l'autre. En principe, l'auteur d'une libéralité jouit, pour ordonner des modalités de son don ou de son legs, d'une assez grande autorité ; libre de ne pas donner du tout, il est, *à fortiori*, libre de ne donner que sous certaines réserves. Il peut varier l'étendue de sa libéralité, la diminuer en la grevant de charges, de clauses de retour ou d'obligations d'emploi, ou, au contraire, l'augmenter, en dispensant, par exemple, de fournir caution celui qu'il constitue usufruitier ; il peut en changer l'aboutissement normal, rendre propre ce qui, de par les conventions matrimoniales, devrait être commun, commun ce qui devrait être propre, paraphernal ce qui devrait être dotal ; il peut modifier l'essence même du droit de propriété en le dépouillant du pouvoir de disposition s'il frappe le bien donné d'inaliénabilité ; et, ce faisant, il paralyse, du même coup, l'action régulière des tiers créanciers.

Mais ce droit du disposant, si étendu qu'il soit, a des limites, et ces limites lui sont imposées par l'intérêt public. Maître en ce qui ne touche que les intérêts particuliers, il doit s'arrêter aussitôt que l'intérêt public est mis en jeu. Et l'on voit en effet que, dans les exemples cités plus haut, il n'augmente ou ne restreint que des droits privés, il ne brise que des barrières conventionnelles. Notre question revient donc à celle-ci : les prescriptions de l'article 389 sont-elles *d'ordre public ?* Il semble impossible de répondre autrement que par l'affirmative, d'abord parce que, d'une manière générale, appartiennent à l'ordre public toutes les mesures de protection prises par la loi en faveur des incapables, ensuite parce que notre texte, en prescrivant l'intervention du ministère public en notre matière, indique suffisamment qu'elle la considère comme intéressant l'ordre social. Nous conclurons donc que le disposant ne peut puiser, dans son seul titre de disposant, le droit d'exonérer l'administrateur des obligations que la loi fait peser sur lui.

68. *b*) Mais ce même droit ne lui est-il pas conféré par l'article 389 lui-même ? Ce qui autorise le doute à ce point de vue, c'est que cet article a emprunté à la loi de 1880 quatre mots équivoques ; la conversion est ordonnée, à moins que cette conversion ne soit rendue impossible « par la nature des titres ou *en raison de conventions* ». Que faut-il entendre par ce mot : *convention ?*

Ecartons tout de suite une objection qui pourrait se formuler ainsi : Qui dit convention dit accord de volontés ; donc, à supposer même que ce mot dût s'entendre dans un sens favorable à la liberté du *donateur*, il ne saurait s'appliquer au *testateur*, car un legs ne suppose pas d'accord de volontés. Ce serait raisonner sur les mots, ce qui constitue la plus déplorable manière d'interpréter un texte juridique. Le langage du législateur peut avoir manqué de précision, mais sa pensée est suffisamment claire ; le terme *convention* signifie ici, pour lui et pour tout le monde, *expression de volonté* du disposant, et, comme nous le verrons tout à l'heure, aucun esprit sérieux n'a mis ce point en doute à propos de la loi de 1880 dans laquelle se rencontre, en original, le mot douteux. Au surplus, l'acceptation du legs ne peut-elle pas être considérée comme une adhésion au vœu du testateur, et, par suite, comme complétant l'accord des volontés ?

Revenons donc à notre point de départ ; l'expression *convention* doit-elle être prise dans un sens étendu ou dans un sens restreint ? Les auteurs qui ont interprété la loi de 1880 donnent, de ces conventions licites pouvant entraver la conversion des titres nominatifs, les exemples suivants : « le cas où les titres « dont il s'agit ont été l'objet d'une convention d'indivision, ou d'une constitution de « gage, — le cas où ils ont été syndiqués ou « placés en report, — le cas où le titre au « porteur a été légué au mineur pour la nue « propriété et à une tierce personne pour « l'usufruit. » (J. G. S., 456-457 ; Deloison, *Traité des val. mob.*, n° 219 ; Bressolles, p. 34.) Mais toutes ces espèces ne visent que des situations momentanées (syndicat, gage, report) ou des formes particulières de libéralités (usufruit). Appliquerons-nous la même solution à l'expression d'une volonté simple? Autoriserons-nous le disposant à dire expressément qu'*il ne veut pas* que les valeurs soient converties? Dalloz semble adopter l'affirmative : « Par *convention*, il faut entendre tout acte « de volonté légalement exprimé qui fait obs- « tacle à la conversion. » (C. C. A. I., p. 787, n° 7.) Nous hésitons, pour notre part, à nous ranger à cet avis. Le rapprochement que fait notre texte entre la *nature* des titres et les *conventions* qui les rendent inconvertissables, nous paraît indiquer que la loi a eu en vue les *conventions passées avec des tiers*. Si elle avait voulu entendre par ce mot toute expression formelle ou implicite de volonté, elle aurait sans doute employé le mot *dispositions*. Et il nous faudrait un terme moins ambigu pour accorder à l'auteur de la libéralité le pouvoir d'anéantir une prescription d'ordre public.

III.

COMPÉTENCE

69. La compétence *ratione materiæ* est suffisamment définie par le nouveau texte; elle appartient au tribunal de première instance statuant sur requête en chambre du conseil, le ministère public entendu, et jugeant en dernier ressort. Mais la compétence *ratione personæ* prête à de plus nombreuses discussions; il importe de distinguer les espèces.

70. *a*) Pour l'obtention des autorisations relatives aux emprunts, aux aliénations, échanges ou hypothèques, le tribunal compétent sera évidemment celui du domicile du mineur, c'est-à-dire, en fait, du père lui-même. Toutefois, dans son commentaire sur la loi de 1880, M. Coulet indique que, si les valeurs à aliéner dépendent d'une succession échue au mineur, le pouvoir d'homologuer appartient au tribunal de l'ouverture de la succession. Si l'on adoptait cette opinion, il en faudrait appliquer la théorie à notre cas et au tribunal chargé d'autoriser le père administrateur; mais cette opinion semble contestable; l'aliénation des valeurs n'est pas une opération de la succession, elle intervient après règlement de cette succession, et elle a un caractère personnel qui ne permet guère de la soustraire à la juridiction de droit commun.

b) Pour la nomination d'un administrateur *ad hoc*, le tribunal compétent sera encore celui du domicile du mineur. Cependant, si cette nomination est occasionnée par un conflit d'intérêts et si le conflit naît à l'occasion d'une succession qui vient de s'ouvrir, il est difficile de ne pas voir, dans la nomination du représentant spécial du mineur, une opération intérieure du règlement de cette succession, et, dès lors, le tribunal compétent serait donc celui du domicile du *de cujus*.

c) Nous en dirons autant des actions en partage ou des licitations consécutives à l'ouverture d'une succession à laquelle le mineur se trouverait appelé; là encore, ce serait le domicile du *de cujus* qui déterminerait la compétence.

d) Les actions en déchéance relèveront évidemment du tribunal du domicile de l'administrateur incriminé.

e) Enfin, toutes les contestations relatives aux comptes d'administration devront être portées devant « les juges du lieu où l'administration a été constituée », conformément aux dispositions des articles 473 du Code civil et 527 du Code de procédure.

IV.

OBLIGATIONS ET POUVOIRS DE L'ADMINISTRATEUR LÉGAL

71. Nous ne rencontrerons pas moins de difficultés si, au lieu de nous tenir, pour ainsi parler, à l'extérieur de l'administration légale, nous pénétrons à l'intérieur, pour y chercher, par exemple, les obligations du père administrateur. — Et, tout d'abord, est-il tenu de faire faire inventaire des biens qui, en une fois ou successivement, composent le patrimoine propre du mineur? — Sans doute, c'est là pour lui une obligation morale, simple corollaire de son obligation de rendre compte; il est clair que sa reddition de compte ne peut avoir de base sérieuse que dans un inventaire qui constate sa prise en charge, et que, à défaut de fournir cette constatation régulière, il verra faire contre lui, de toutes manières, la preuve hasardeuse de la consistance des biens administrés. — Aussi, n'est-ce point là ce que je demande; l'article 451 astreint le tuteur à pratiquer l'inventaire *dans les dix jours*, en présence du subrogé tuteur, et d'y *déclarer ses propres créances* contre le mineur, à peine de s'en voir déchu; l'article 1442 *prive de jouissance légale* l'époux survivant qui n'a point fait dresser inventaire. Appliquerons-nous ces règles au père administrateur? La négative est presque unanimement adoptée tant en doctrine qu'en jurisprudence; on estime très généralement qu'il y a lieu « d'appli- « quer à l'administration légale les règles de « la tutelle qui tiennent à la nature de toute « administration comptable, et d'écarter celles « qui ont plutôt le caractère de garanties spé- « ciales accordées au mineur contre son tu- « teur. » (Dalloz, C. A. 389-27 et suiv.)

72. C'est ainsi que nous n'admettrons point

que le père soit tenu de donner caution pour garantir son administration; — c'est ainsi qu'aucune hypothèque ne grève ses biens de ce chef.

73. Dans le même ordre d'idées, nous ne l'autoriserons pas à se dérober aux devoirs de cette administration pour les motifs d'excuse qui peuvent décharger un tuteur du fardeau de la tutelle (Aubry et Rau, Demolombe. — *Contra :* Valette, Colmet de Santerre). — Il ne faut pas, au surplus, s'exagérer la portée de cette décision; le père ou la mère auront bien rarement le désir de se décharger du soin d'administrer les biens de leurs enfants; et, pour l'administrateur *ad hoc*, aucun texte ne lui faisant une obligation d'accepter les fonctions qui lui sont offertes, il n'en sera donc investi que de son consentement, et il pourra, sans contredit, obtenir d'en être relevé pour causes légitimes que le tribunal appréciera.

74. Au sujet des pouvoirs de l'administrateur, une importante question se présente non solutionnée par nos textes : l'administrateur peut-il *compromettre* au nom du mineur? Rien ne le lui interdit formellement; l'article 389 qui, soit expressément, soit par voie d'application d'autres dispositions du Code, lui défend quelques actes et l'astreint, pour nombre d'autres, à se munir d'une autorisation préalable, ne dit rien du *compromis*. Qu'en faut-il conclure? Au premier abord, ceux qui, comme nous, voient dans le pouvoir d'administration un attribut direct de la puissance paternelle, pourraient être tentés de penser que le compromis, n'étant pas interdit à l'administrateur, lui est donc permis. — Toutefois il faut considérer, d'abord, que le compromis est regardé, par notre loi civile, avec plus de défiance encore que la transaction; l'article 1989 du Code civil exprime cette défiance avec une énergique concision; et peut-être peut-on estimer que cette conception est peu en harmonie avec la réalité des choses, la transaction étant, en réalité, plus fâcheuse que le compromis, puisqu'elle comporte l'abandon certain de droits que le compromis peut sauvegarder; mais il n'en est pas moins vrai que celui-ci paraît à la loi une aggravation de celle-là. Si donc l'article 389 ne permet à l'administrateur légal de transiger que sauf autorisation préalable, on ne saurait le laisser libre de compromettre. — Il importe d'observer ensuite que l'article 1004 du Code de procédure défend tout compromis sur les contestations qui sont sujettes à communication au ministère public; or, notre article 389 ordonne que le ministère public soit entendu chaque fois qu'une question relative à l'administration légale se trouve soumise au tribunal. — Nous sommes donc ainsi amenés à penser que le compromis reste un des actes qui sont interdits absolument à l'administrateur légal.

V.

CONFLITS DE NATIONALITÉS

75. L'administration légale, touchant à l'organisation de la famille, est matière de statut personnel. On ne saurait donc mettre en doute que le père et l'enfant restent, à ce point de vue, soumis à leur loi nationale, quel que soit l'endroit où ils vivent, Français à l'étranger ou étrangers en France.

76. Mais la question devient plus délicate si père et enfant n'ont pas la même nationalité, comme dans l'hypothèse de l'article 8-3° du Code civil. Elle est d'autant plus importante que les diverses législations étrangères ont, de l'administration légale, des conceptions très variées. La loi anglaise l'assimile absolument à la tutelle. Aux Etats-Unis, le père a la garde et la direction de la personne de l'enfant, mais non la gestion de ses biens, qui sont confiés à des administrateurs spéciaux. En Suisse (Glaris et Berne), le père a sur les biens de son enfant les pouvoirs d'un tuteur; en d'autres cantons, ses pouvoirs sont un peu plus ou un peu moins étendus; il demeure placé sous le contrôle de l'*Autorité tutélaire*, ou de la *Chambre des tutelles*, ou du *Conseil communal*, organe qui, sous ces divers noms, le surveille et l'oblige à certaines mesures de sûreté. La Russie n'a, sur ce point, que des dispositions incomplètes, ainsi que la Norvège. La Belgique se contente de notre ancien article 389. En Allemagne, le *Tribunal des tutelles* contrôle et autorise certains actes du père administrateur, comme les aliénations d'immeubles et les hypothèques. En Italie, ces mêmes actes doivent être autorisés par le tribunal civil; les actes moindres, comme la vente du mobilier, la perception et l'emploi des capitaux, requièrent l'autorisation du préteur, magistrat assez analogue à notre juge de paix. La loi espagnole, enfin, soumet le père administrateur aux formalités et charges de l'usufruit, et grève ses propres biens d'une hypothèque pour sûreté du recouvrement du prix des biens de l'enfant qu'il aurait aliénés.

77. Cela posé, et en supposant que le père soit Allemand, par exemple, et le fils Français, renverrons nous le père se pourvoir pour autorisation devant le tribunal des tutelles, et admettrons-nous que l'administration légale survive à la mort de l'un des époux, suivant les prescriptions du Code civil allemand? Ou bien appliquerons-nous à ces cas et à tout autre les règles de la loi française?

78. Il est assez généralement admis, en

doctrine et en jurisprudence, que le statut personnel du père doit être préféré à celui de l'enfant en ce qui concerne la *puissance paternelle;* car, dit M. Bartin : « C'est là une « institution familiale qui n'est établie ni « dans l'intérêt de celui qui l'exerce ni dans « l'intérêt de celui qui la subit, mais dans « l'intérêt collectif de la famille passée et « future qu'ils représentent momentanément « l'un et l'autre. Quel est celui des deux qui « la représente d'une manière plus directe et « plus certaine? Quel est celui dont la per- « sonnalité juridique doit l'emporter à ce « point de vue sur l'autre? C'est un point qui « ne saurait faire difficulté, nous semble-t-il, « puisqu'il s'agit de choisir entre le père ac- « tuellement investi de l'exercice de ce pou- « voir familial dans sa plénitude, et l'enfant, « que son âge même met dans l'impuissance « de l'exercer et dans la nécessité de la subir. »

79. Mais en faut-il conclure que cette solution doive être étendue à l'*administration légale?* Quelques auteurs en doutent; ils font une distinction entre les attributs de la puissance paternelle qui touchent à l'autorité même du père et ceux qui mettent en jeu les intérêts pécuniaires de l'enfant, et, suivant que l'acte à poser par l'administrateur présente l'un ou l'autre caractère, ils appliquent la loi nationale du père ou celle de l'enfant. Il paraît assez difficile de suivre cette théorie ambiguë; l'administration légale est une manifestation de la puissance paternelle; elle doit donc s'exercer dans les conditions mêmes suivant lesquelles cette puissance paternelle est constituée; il en faut, par conséquent, chercher les règles chez le père qui aura à l'exercer, et dans la législation qui gouverne son action.

80. Enfants naturels. — L'ancien article 389 ne conférait le droit d'administration légale au père que *pendant le mariage;* il en était résulté une discussion assez vive sur le point de savoir si ce droit existait ou non en matière de filiation naturelle. D'un côté, Laurent estimait que l'exercice de la puissance paternelle, enfermant en soi les fonctions d'administrateur, constituait un devoir à la charge du père naturel comme à la charge du père légitime. Huc et Gastambide étaient du même avis. Mais Aubry et Rau, Marcadé, Demolombe, Planiol soutenaient que les biens d'un enfant naturel mineur devaient être administrés suivant les règles de la tutelle; la jurisprudence, un peu flottante, adoptait pourtant plus généralement cette dernière thèse (Dalloz, C. C. A., 389-79 et suiv.). La question ne peut plus se poser depuis la loi du 2 juillet 1907, dont l'article 3, inséré dans notre même article 389, établit une distinction définitive entre le père légitime, déclaré *administrateur légal*, et les parents naturels constitués seulement *tuteurs légaux*.

Bulletin-Commentaire des Lois nouvelles et Décrets

RECUEIL MENSUEL, FONDÉ EN 1894. ABONNEMENT ANNUEL : 7 FR.

Administration : 103, boulevard Saint-Michel, 103, Paris (V^e)

TABLE ALPHABÉTIQUE

DES COMMENTAIRES PUBLIÉS EN 1908 ET 1909 (TOME VII)

BESANÇON. — IMPRIMERIE JACQUIN.

www.ingramcontent.com/pod-product-compliance
Ingram Content Group UK Ltd.
Pitfield, Milton Keynes, MK11 3LW, UK
UKHW020421220726
13923UKWH00005B/2099